시리아 난민 이야기

아무도 원하지 않는 사람들

"전 세계에서 6천5백만이 넘는 사람들이 고향에서 쫓겨나 있습니다.

그들 중 절반은 18살 미만 아이들입니다. 이 책을 이 아이들에게 바칩니다."

THE UNWANTED
: Stories of the syrian refugees
by Don Brown

Copyright ⓒ 2018 by Don Brown
All rights reserved.
Korean Translation Copyright ⓒ 2019 by Dourei Publication Co.
This Korean edition was published by special arrangement with Houghton Mifflin Harcourt Publishing Company through KCC(Korea Copyright Center Inc.).

이 책의 한국어판 저작권은 ㈜한국저작권센터(KCC)를 통해 저작권자와 독점계약을 맺은 도서출판 두레가 갖고 있습니다. 저작권법에 의하여 한국 내에서 보호를 받는 저작물이므로 무단으로 전재하거나 복제할 수 없습니다.

시리아 난민 이야기

아무도 원하지 않는 사람들

돈 브라운 글·그림

차익종 옮김

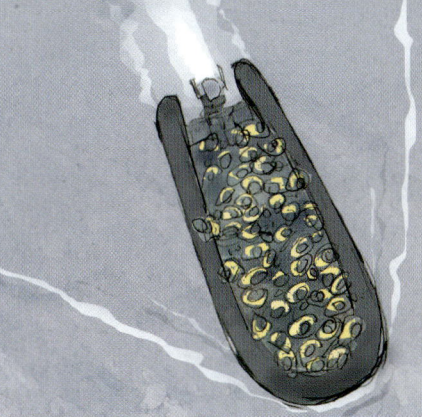

두레아이들

10대 아이들이 담벼락에 '독재 타도'라고 휘갈겨 썼습니다.

이 구호는 시리아 독재자 바샤르 알 아사드 대통령의 1인 통치를 끝장내자는 요구였습니다. 1946년에 독립한 시리아는 독립 때부터 독재자 여러 명이 잇달아 통치했습니다. 1971년에 하페즈 알 아사드가 대통령이 된 뒤부터는 그의 가족이 나라를 지배해 왔습니다. 독재에 항의하는 이들은 힘과 권력으로 탄압했습니다.

독재국가는 시리아뿐만이 아니었습니다. 북아프리카와 중동에는 시리아와 비슷한 독재국가가 줄을 이었습니다. 2010년, 이 나라들에서 국민이 들고일어나 '아랍의 봄'이라 일컫는 항쟁의 불꽃을 피워 올렸습니다. 튀니지와 이집트에서는 마침내 독재정권이 무너졌습니다.

다라 시의 아이들은 체포되어 감옥에 끌려가서… 고문을 당했습니다.

인권을 달라, 자유를 달라!

아이들이 잡혀가자 가족과 친구들이 먼저 나섰습니다. 항의하는 국민이 수천 명으로 늘어나 아이들의 석방을 함께 요구했습니다. 몇 주 뒤에 아이들이 풀려나왔지만, 국민의 분노는 가시지 않았습니다. 그들은 아사드의 비민주적 통치에 분노했고, 잔혹한 비밀경찰에 치를 떨었으며, 부패와 실업 상태를 견딜 수 없었습니다.

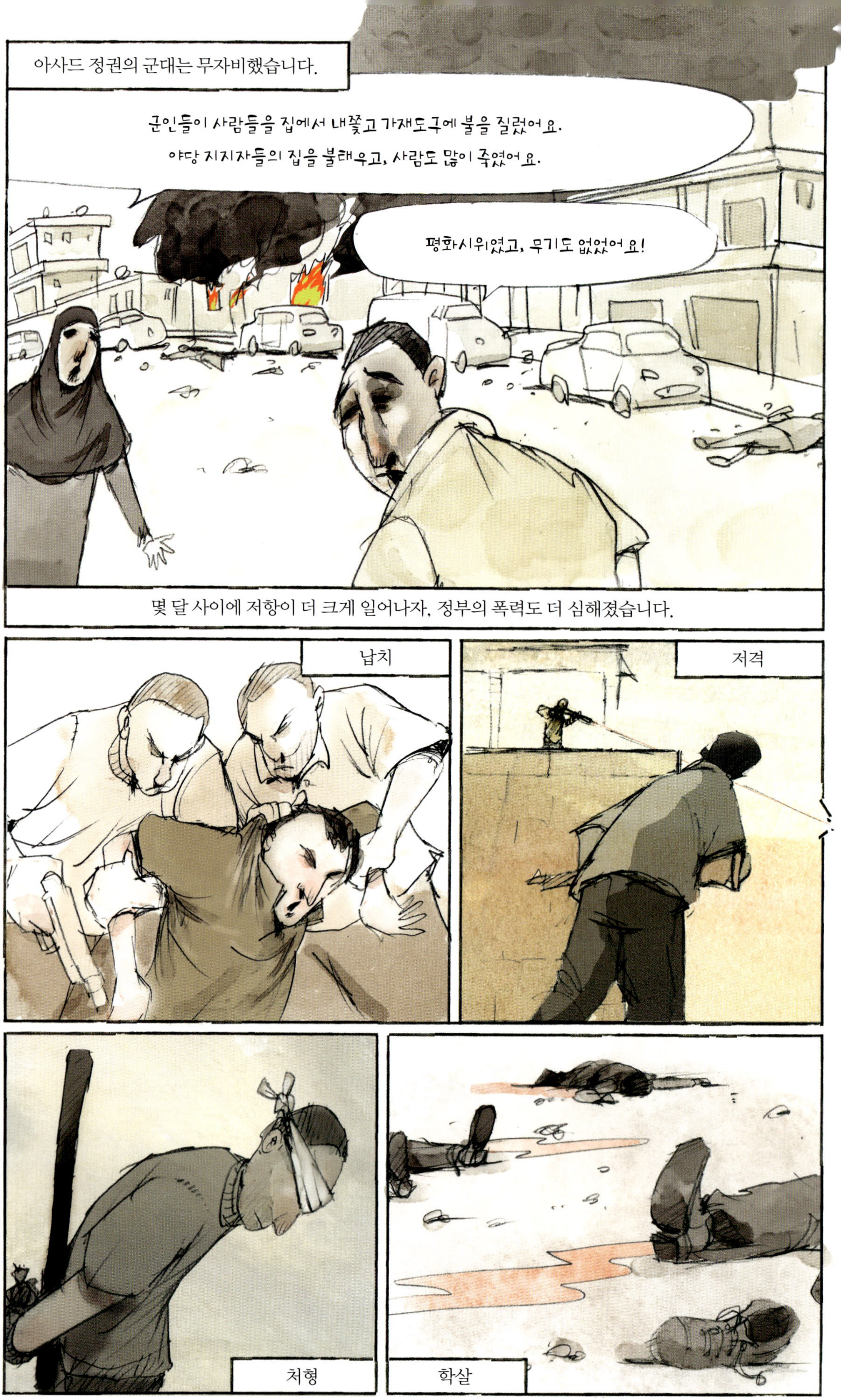

아사드 정권의 군대는 무자비했습니다.

군인들이 사람들을 집에서 내쫓고 가재도구에 불을 질렀어요.
야당 지지자들의 집을 불태우고, 사람도 많이 죽였어요.

평화시위였고, 무기도 없었어요!

몇 달 사이에 저항이 더 크게 일어나자, 정부의 폭력도 더 심해졌습니다.

납치

저격

처형

학살

시리아 전국에서 아사드 정권의 반대파와 지지파가 제각기 결집했습니다. 대체로 종교에 따라 갈라졌습니다.
　기독교가 가톨릭, 성공회, 감리교, 침례교 등으로 나뉘듯, 이슬람교는 크게 시아파와 수니파로 나뉩니다. 아사드 대통령은 주로 시아파 무슬림과 알라위파의 지지를 받았습니다. 알라위파는 시아파의 한 종파이며, 아사드는 알라위파 교도였습니다. 기독교도들은 대부분 중립을 지켰지만, 일부 기독교도들은 아사드를 지지했습니다. 시리아 인구의 4분의 3을 차지하는 수니파 무슬림들은 대부분 아사드를 반대했습니다. 종교 분파들 사이의 이러한 분열은 결국 시리아 내전으로 폭발했습니다.

아사드는 정권을 유지하기 위해 국민을 체포하고, 폭력을 휘둘렀습니다.

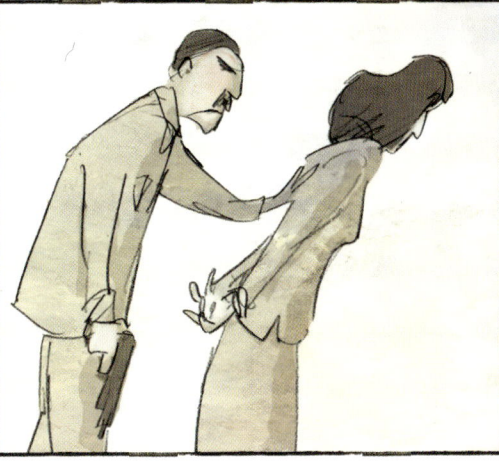

앞으로 두세 달은 우리를 고문하다가 죽일 거야.

운 좋게 풀려난 사람들은 전기고문을 당한 자국이며, 담뱃재로 지진 흉터를 얻었을 뿐만 아니라 뼈가 부러진 채 돌아오기도 했습니다.

탈영하는 군인들도 생겨났습니다. 이들은 무장 시위대로 합류해 아사드 정권에 대항했습니다.

폭력이 온 나라를 휩쓸었습니다.

처음에는 수백 명, 이윽고 수천 명씩 피난길에 나섰습니다. 많은 사람이 새 삶을 꾸리려고, 우선 급한 대로 옆 나라 요르단과 레바논 국경을 넘었습니다. 터키 국경에도 피난민이 몰려들었습니다. 터키는 여권이 있는 사람들만 받아들이겠다고 밝혔습니다. 여권이 없는 사람들은 몰래 국경을 넘으려 했습니다.

밤은 추웠습니다. 겨우 옷만 걸치고 빠져나온 가족들이 숨을 죽인 채 터키 국경을 넘었습니다.

꼼짝없이 죽을 운명이었어요. 그러나 죽고 싶지 않아서 단단히 마음먹고 고향을 떠났지요.

군인들이 밤에 순찰을 다녔습니다.

바스락거리는 소리만 나도 총을 쏜답니다.
잘못하면 우리 다 죽어요.

나이가 더 많은 아이들이 동생들을 업었습니다.

잠시도 쉴 틈이 없었어요.

한 어머니는 아이 둘을 잃어버렸습니다.

"엄마, 도와줘요! 철조망에 걸렸어요!"

엄마가 간신히 구해주어, 가족들은 다시 터벅터벅 걸었습니다.

열일곱 살 소년이 군인을 보고 달아났습니다. 터키와 시리아 국경이었습니다. 소년은 물에 뛰어들었지만 익사했습니다.

열네 살 소년이 겁에 질려 시리아 국경을 빠져나가려 했습니다. 군인이 소년에게 총을 쏘았습니다.

"물고기 밥이나 되라지."

2011년 6월, 터키 국경에 난민 2천여 명이 몰려들었습니다. 터키 정부는 이들을 수용할 수 있는 난민촌을 만들었습니다. 난민들은 터키 정부가 세운 이 난민촌에 자리를 잡았습니다.

레바논으로 넘어온 사람은 5천여 명이었습니다. 그들은 친구나 친척 집에서 신세를 졌습니다. 산등성이에 움막을 지어 견디는 사람들도 생겼습니다.

요르단으로 넘어온 사람들은 처음에는 한 줌이었다가 밀물처럼 늘어났습니다.

지하드라 불리는 이슬람 열성파가 아사드 반대 투쟁에 합류했습니다. 시리아 사람들뿐만이 아니었습니다. 아프가니스탄, 이란, 파키스탄에서 온 지하드 단원들도 여기에 가담했습니다. 그러자 지하드 안에서도 파가 갈렸습니다. 이들은 아사드 정권과 싸우면서, 저희끼리도 서로 싸웠습니다.

아사드 독재정권을 무너뜨리고 이슬람 독재를 세우자는 주장 때문에, 민주주의를 원하는 시리아인들은 고난을 겪어야 했습니다.

곳곳에서 처형이 벌어졌습니다. 그런데 대부분은 아사드 반대파들의 소행이었습니다.

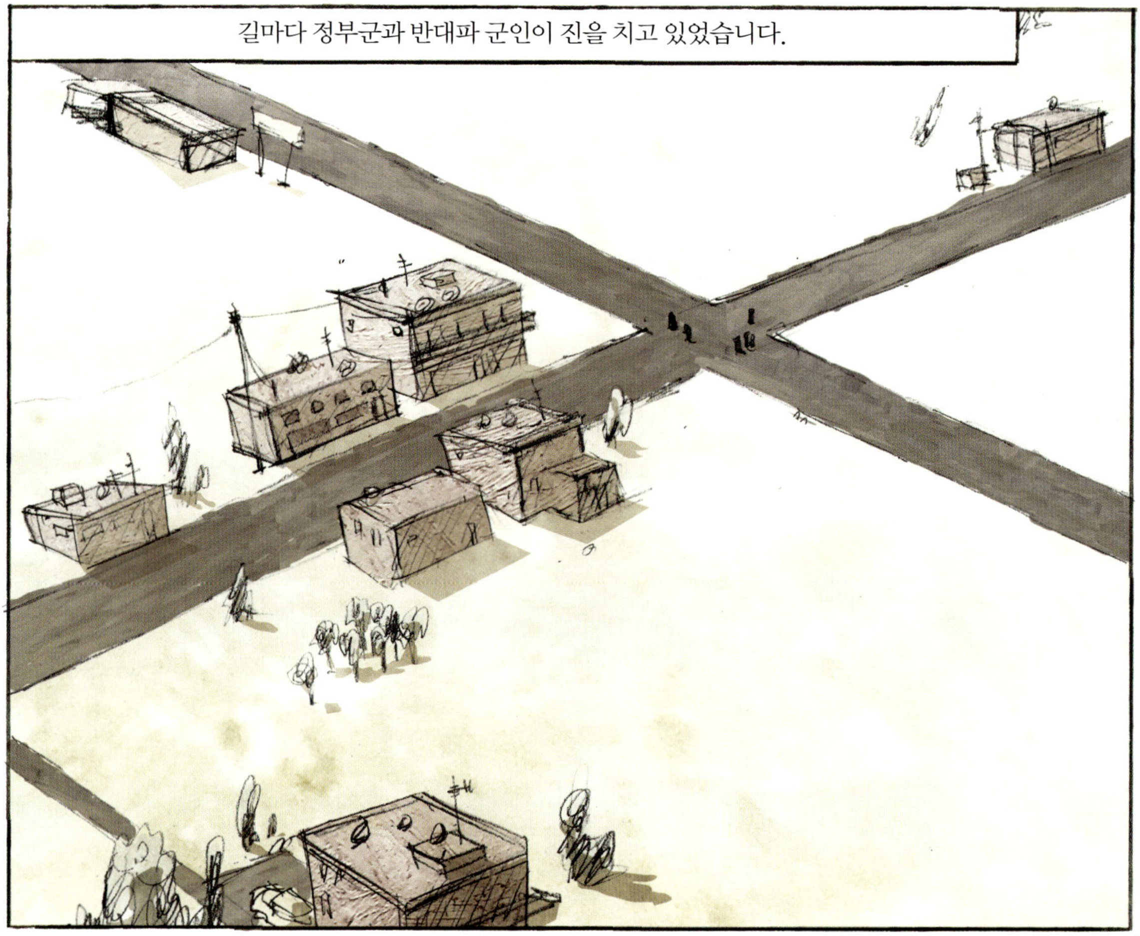

길마다 정부군과 반대파 군인이 진을 치고 있었습니다.

트럭 한 대가 이슬람국가 군인들이 지키는 길목에 멈추었습니다. 피아노를 싣고 있었습니다. '이슬람국가(ISIS)'는 잔인하기로 유명한 단체입니다. 자신들의 잔혹한 짓을 신이 보호해 준다고 믿는 사람들입니다.

군인들은 피아노를 불태웠습니다. 피아노 주인도 함께 태워 죽일 태세였습니다.

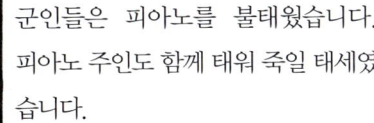

이슬람은 음악을 금지한다는 걸 몰랐나?

그때 나도 시리아를 떠나기로 결심했어요.

트럭 운전사는 떨어지는 포탄을 겨우 피했습니다.

그는 터키 국경까지 도망쳐서, 밀수꾼들을 따라갔습니다.

터키 바닷가에 있는 어느 허름한 아파트에 몸을 숨겼습니다.

그러다 다른 시리아 사람들 70명과 함께 그리스로 몰래 데려다준다는 작은 배에 올랐습니다.

한 사람당 1,250달러씩을 내야 했습니다. 그 정도 돈은 시리아 사람들한테는 평생 모은 전 재산이었습니다.

실오라기 같은 희망이라도 붙잡기 위해 너도나도 지갑을 털어 피난 배에 올랐습니다. 밀수꾼들은 엔진을 만들어 붙인 배에 사람들을 가득 태웠습니다. 그러더니 바다에 배를 띄운 뒤에는 난민들끼리 그리스까지 알아서 몰고 가라고 하고는 밀수꾼들은 떠나 버렸습니다.

밀수꾼들이 배 한 척에 엔진을 붙이는 비용은 4천 달러이지만, 사람들을 태운 값으로 그들이 벌어들이는 돈은 4만~5만 달러입니다. 터키로 떠나는 배를 하룻밤에 열두 척을 띄워 보내기도 하니, 이들은 하룻밤에만 50만 달러 이상의 돈을 거둬들이는 셈입니다.

이집트나 리비아 해안으로 온 사람들도 있었습니다. 여기서 다시 큰 배를 타고 멀리 이탈리아로 들어가기 위해서였습니다.

그러나 밀수꾼에게 기대는 일은 비쌀 뿐만 아니라 위험했습니다. 밀수꾼들은 돈을 더 내라고 인질로 붙잡아 두거나, 이탈리아가 아니라 엉뚱한 북아프리카 해안에 내려놓고 가기도 했거든요.

터키, 이집트, 리비아, 어느 곳에 내리든지 항상 위험했습니다. 바닷가에서 진을 치고 있는, 교활하고 잔인한 사람들이 피난민들을 폭행하거나 가진 것을 빼앗기도 했습니다.

피난민을 태울 작은 모터보트 두 척이 바닷가로 다가오자, 그때까지 숨어 있던 피난민들에게 젊은 밀수꾼들이 채찍을 휘둘렀습니다.

뛰어!

피난민들은 허겁지겁 배에 올랐습니다. 이 보트는 이탈리아로 가는 고깃배까지 피난민들을 데려다줄 겁니다.

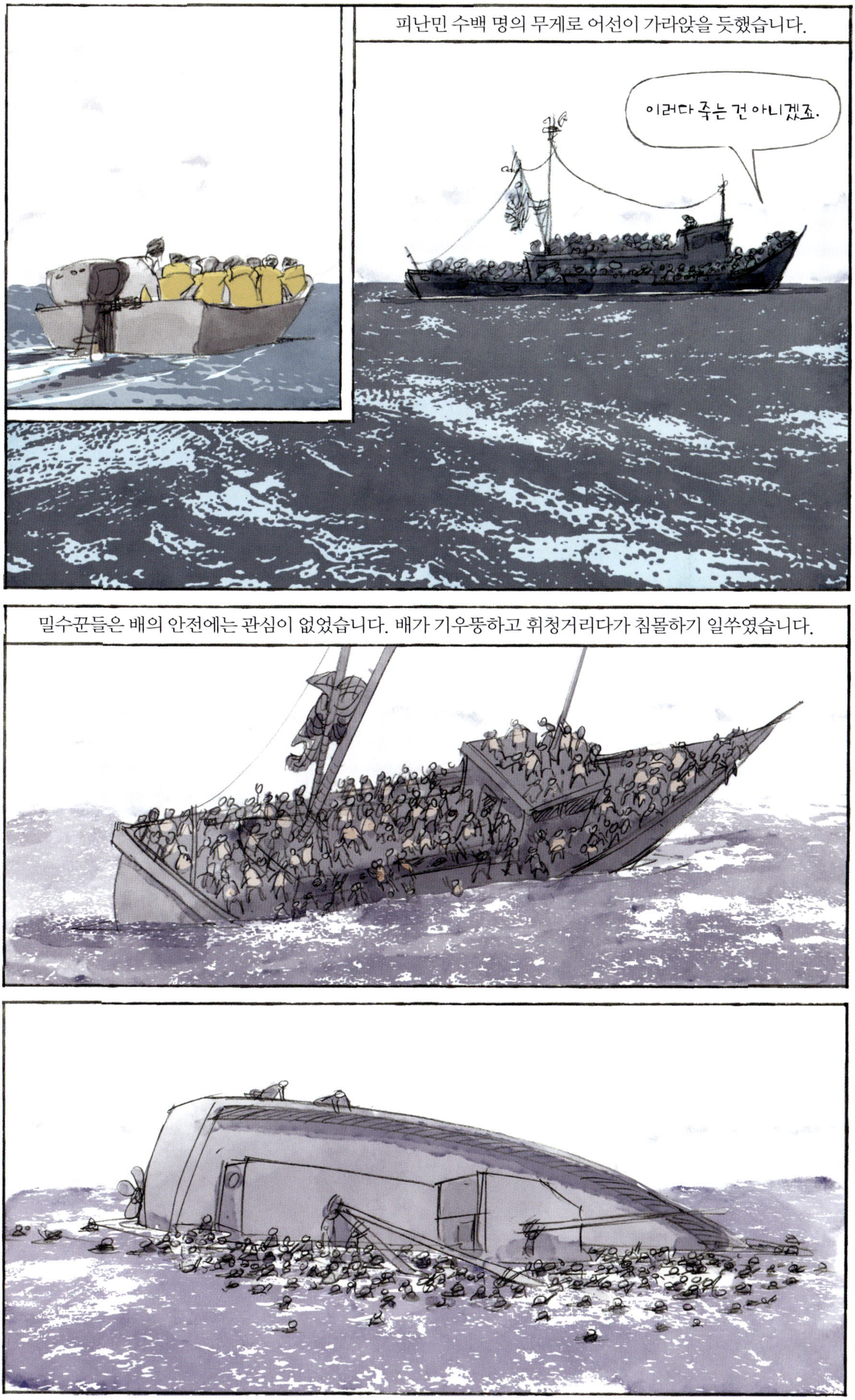

피난민 수백 명의 무게로 어선이 가라앉을 듯했습니다.

이러다 죽는 건 아니겠죠.

밀수꾼들은 배의 안전에는 관심이 없었습니다. 배가 기우뚱하고 휘청거리다가 침몰하기 일쑤였습니다.

그러나 시리아인들은 이런 위험을 생각할 여유도 없었습니다. 지중해 남부 해안에 몰려나온 난민이 수십만 명을 헤아렸습니다. "여기를 떠나 서유럽으로, 특히 독일이나 스웨덴에 가면 따뜻한 환영을 받으며 일자리를 얻을 수 있을 거야." 이런 희망 때문이었습니다.

어차피 선택지는 둘뿐이에요. 헤엄칠 줄 아는 사람은 하나도 없지만 일단 배에 타고 보는 것, 아니면 시리아로 돌아가 포탄에 맞아 죽는 것.

하루 수천 명씩 그리스에 상륙했습니다. 대부분 곧바로 북마케도니아, 세르비아, 헝가리, 크로아티아, 오스트리아를 거쳐 서유럽으로 들어가려 했습니다.

기차나 버스를 타고, 또는 그냥 걸어서 수천 명이 유럽을 가로질렀습니다. 대부분 여권은 물론 별다른 증명서도 없었슈니다. 이대로 국경을 넘는 건 불가능했습니다. 그러나 밀수꾼들은 자신들이 도와준다고 약속했습니다. 돈만 내면 말이죠.

여기서 5분만 서 있어 봐요. 돈만 내면 유럽 어디든 원하는 나라까지 들여보내 준다는 사람들이 마구 달라붙어요.

밀수꾼들은 페이스북도 운영했습니다.

난민들은 수천 킬로미터 넘게 가야 했습니다. 어떤 때는 동네 공무원들이 나타나 잠깐 도와주다가 어서 떠나라고 재촉했습니다. 이들은 자기 동네, 마을, 도시에 피난민이 머무는 걸 원하지 않았습니다. 가난한 나라들은 난민 수천 명씩을 보살펴 줄 돈이 부족했습니다.

여행길에 밝은 젊은이들이 선발대로 나서서, 뒤따라오는 가족들에게 중요한 정보를 전달해 주었습니다.

아이 혼자 다니게 하기도 했습니다. 아이들이 잘 구조 받으리라 생각한 고육지책이었습니다. 아이들이 체류 허가를 받으면 가족들과 살게 해 달라고 청원하려는 것이었습니다.

운이 좋으면 버스나 기차에 타기도 했습니다. 몰래 타는 일도 있었습니다. 어떤 남자는 스웨덴까지 가는 버스 짐칸에 숨어 오르기도 했습니다.

경찰은 거칠기 일쑤였습니다.

다시는 오지 마!
다음에는 때려죽일 거야!

피난민들은 붙잡힐까 두려워 도로 차단벽이나 국경 철책을 몰래 뛰어넘었습니다.

알레포 출신 친구 둘이 철길 옆 덤불에 몸을 숨겼습니다.

식량이라고는 사탕과 물뿐이었습니다.

국경을 지니기 위해 철길을 걸었습니다. 붙잡히지 않기 위해, 또는 그들을 숨어 기다리는 강도 떼에게 폭행과 강도짓을 당하지 않기 위해서였습니다.

난민들은 핸드폰의 GPS(위성항법장치)를 이용해서 낯선 길을 이동했습니다. 핸드폰이 곧 생명줄이었습니다. 시리아에 있는 친구나 친척과 이어줄 뿐만 아니라, 유럽에 먼저 자리 잡은 사람들에게 도움을 받을 수도 있었기 때문입니다. 돈을 보내주기도 했고요.

"유럽 사람들은 우리를 거지라고 한다면서요? 그러나 모든 걸 다 두고 오거나 잃어버려서 돈이 필요하니 어쩌겠어요."

피난민들을 속이고 사기 치는 사람들도 있었습니다. 그러나 친절한 자원봉사자들을 만나 옷, 음식, 그림책, 비누, 기저귀 등을 얻기도 했습니다.

"나는 천주교 신자지만, 여러분이 유대교도인지 이슬람교도인지 따지지 않아요. 아이들도 피난을 오고 가족들이 난리를 겪고 있으니까요. 어떻게 이런 일이… 눈물이 나네요."

어느 친절한 텔레비전 수리 기사는 자기가 몰던 이동통신 트럭에서 난민들의 핸드폰을 충전해 주었습니다.

시리아 탈출 행렬은 계속되었습니다. 내전 전까지 시리아에서 가장 큰 도시였던 알레포에서만 20만 명이 탈출했습니다. 2012년 9월 11일 하루에만 터키, 요르단, 레바논으로 탈출한 인원이 1만 1천 명을 헤아렸습니다.

얼마 뒤 레바논은 시리아 난민이 인구의 3분의 1을 차지할 정도가 되었습니다. 그러나 레바논 정부가 돌보는 난민촌은 하나도 없었습니다. 정부가 손을 놓은 상태이니, 난민들은 알아서 살 곳을 찾아야 했습니다. 한 방에 15명이 함께 살기도 했습니다.

수도가 끊기자,

오물을 길바닥에 쏟아 버려야 했습니다.

이런 나쁜 환경도 감수하겠다며, 젊은 어머니 부시라는 아이 둘을 데리고 한밤중에 레바논 국경을 넘었습니다.

부시라는 쓰러질 듯한 집을 찾아서, 방을 얻었습니다. 난민 열두 명이 두 방을 같이 썼습니다.

2013년에 부시라는 유엔의 난민으로 등록되었습니다. 100만 번째 시리아 난민이었습니다. 그러나 등록되지 않은 이들까지 포함하면 실제 난민의 숫자는 이보다 훨씬 많았습니다.

등록되지 않은 난민의 삶은 몸서리쳐질 정도입니다.

두 살짜리 동생이 있어요. 엄마는 셋째 아이를 가지셨고요, 아빠는 아프세요. 먹을 것을 구할 사람은 저밖에 없어요.

아이들은 감자를 긁어모으거나,

공장에서 일을 하거나,

접시를 닦았습니다.

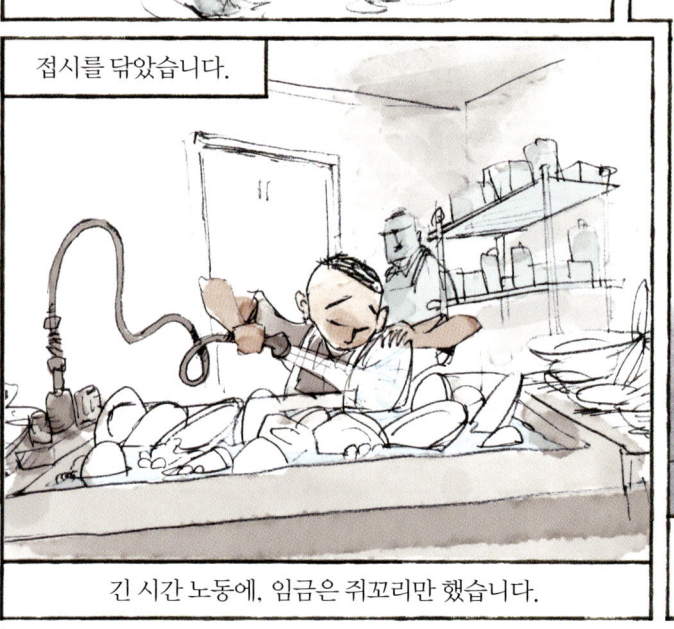

긴 시간 노동에, 임금은 쥐꼬리만 했습니다.

여자아이들은 더한 착취에 시달리면서, 남자아이들의 절반밖에 못 받았습니다.

시리아 내전은 학교를 파괴했고, 수백 만 아이들은 배울 곳을 잃었습니다.

폭탄과 수류탄을 피하려고 지하실에서 학교를 열기도 했습니다. 그러나 이런 학교에 다니다가 죽거나 불구가 된 아이들도 있었습니다. 시리아 밖으로 피난을 왔어도 학교에 다니기가 쉽지 않았습니다. 수업료를 낼 수 없거나, 교실이 너무 멀거나, 아랍어로 가르치지 않기도 하고, 학교가 부근에 전혀 없기도 했습니다.

학교 가기가 너무 겁이 나서, 아예 포기해 버렸어요.

어리지만 돈을 벌어야 하는 아이들은 학교를 생각도 못 했습니다. 그래도 아이들은 배움의 꿈을 놓지 않았습니다.

난 의사가 되고 싶어.

2014년 초, 요르단은 난민들로 북적거렸습니다. 아빠를 잃은 가족이라 세 아이와 엄마가 공원에서 살며 먹을 것을 주우러 다녔습니다.

요르단 자타리 사막 한복판에 요르단 정부가 세운 난민촌이 있었습니다. 12만 5천 명이 이곳에 수용되어 있었습니다. 날마다 2천 명씩 난민이 새로 들어왔습니다.

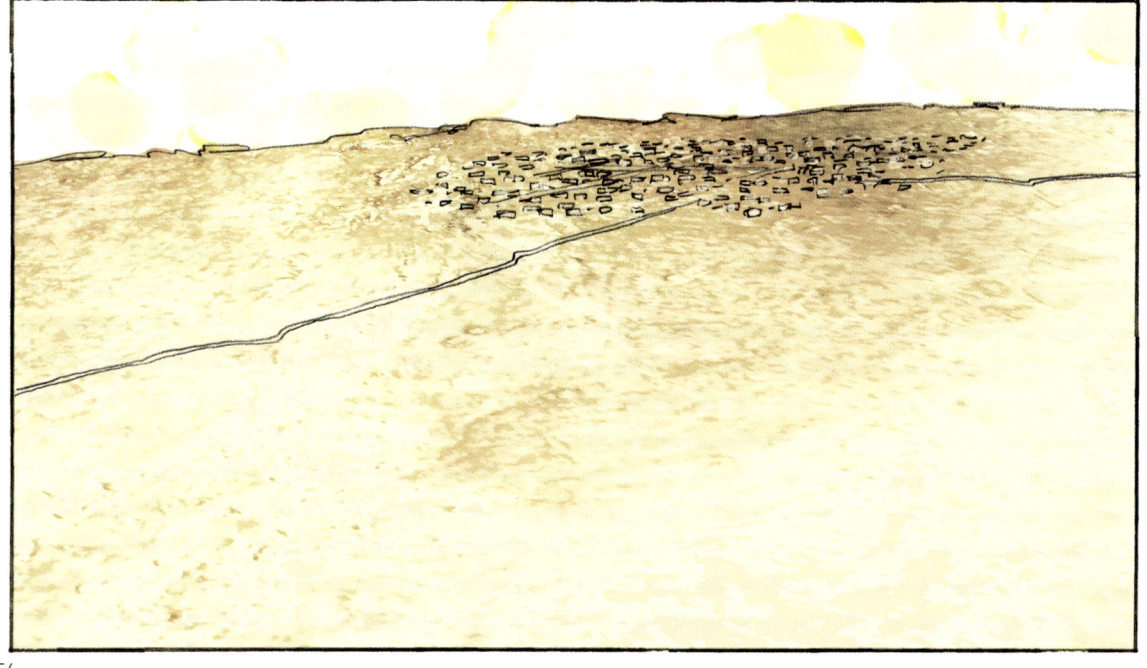

그러나 난민촌에도 가게 수천 개가 문을 열고, 채소, 옷은 물론 핸드폰도 사고팔았습니다. 난민촌 덕분에 이 지방에 수백만 달러 규모의 지역 경제가 활발히 움직였습니다.

터키도 난민들로 홍수를 이루었습니다. 터키 정부는 난민촌을 세우고, 식료품을 공급하고, 아이들을 돌보고 교육하는 데 수십억 달러를 투입했습니다. 난민 숫자가 2014년 중반에 70만 명이나 되었으니까요.

시리아 국경 지역의 한 난민촌에는 길 양쪽에 일렬로 설치된 철제 트레일러 2천 개에서 난민 1만 4천 명이 살고 있습니다. 트레일러 하나마다 방 두 개, 욕실, 냉온방기가 있습니다. 주방 개수대, 냉장고, 조리대도 대부분 갖추고 있습니다.

물론 길바닥에서 사는 것보다는 낫지만, 지금의 생활에서 더 이상 벗어날 수는 없습니다.

그러나 난민들은 대부분 이런 난민촌 밖에 살고 있습니다. 이들은 터키의 공동주택, 쪽방, 창고에서 어렵게 살아갑니다. 쥐꼬리만 한 돈이라도 벌겠다고 온종일 일자리를 찾아 돌아다닙니다. 아이들도 마찬가지입니다.

"저는 아빠, 엄마, 가족을 위해 일하고 있어요."

"엄마한테 돈을 갖다 드려요. 먹을 것 사시라고요."

이틀 전에 공원에서 어떤 형들이 저를 때리고 내쫓았어요.

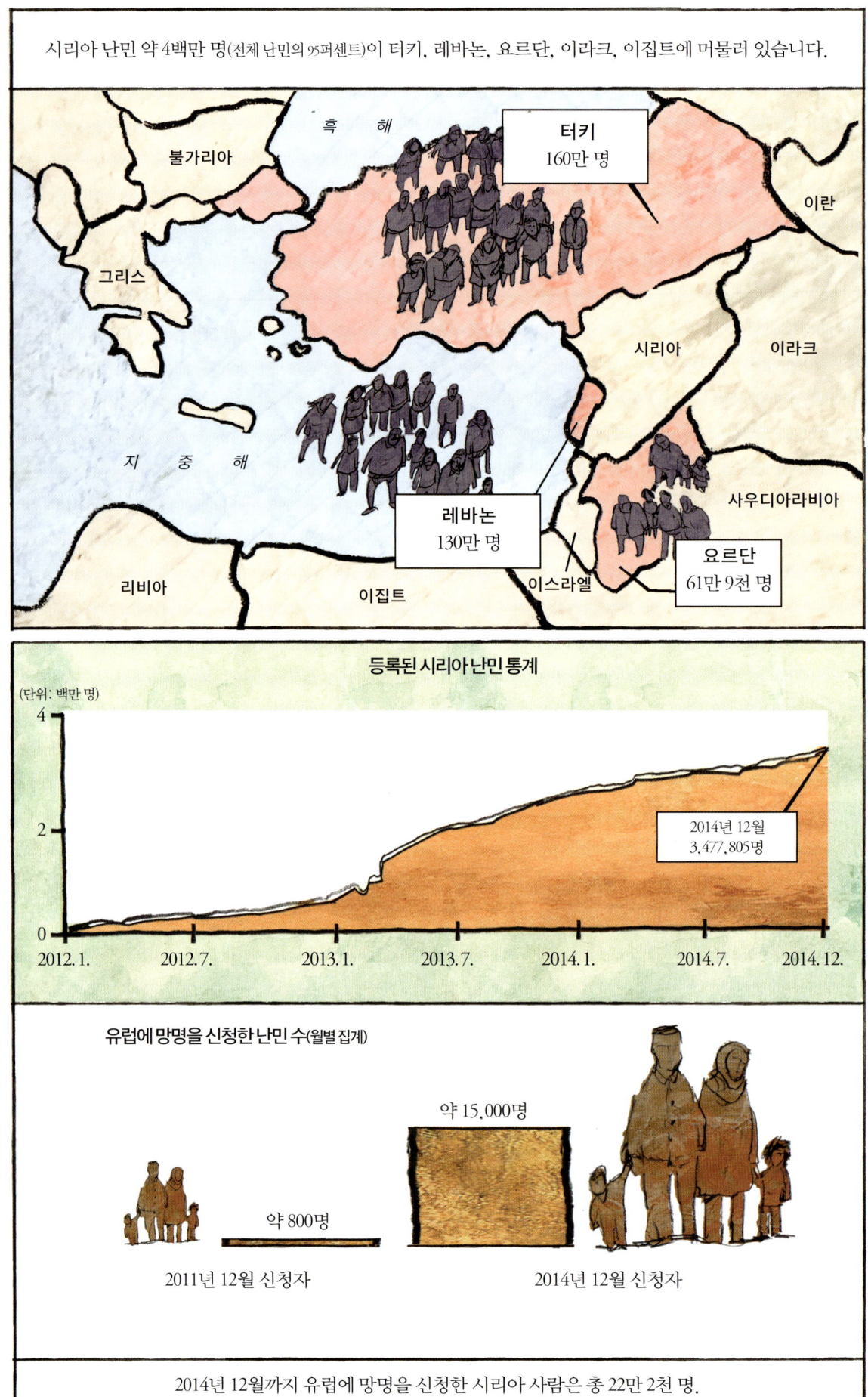

내전 직전 시리아의 인구는 약 2천2백만 명으로, 미국의 플로리다 주 인구보다 조금 많았습니다.

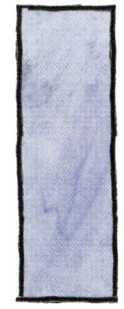
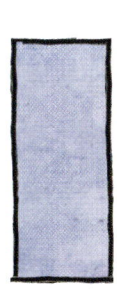
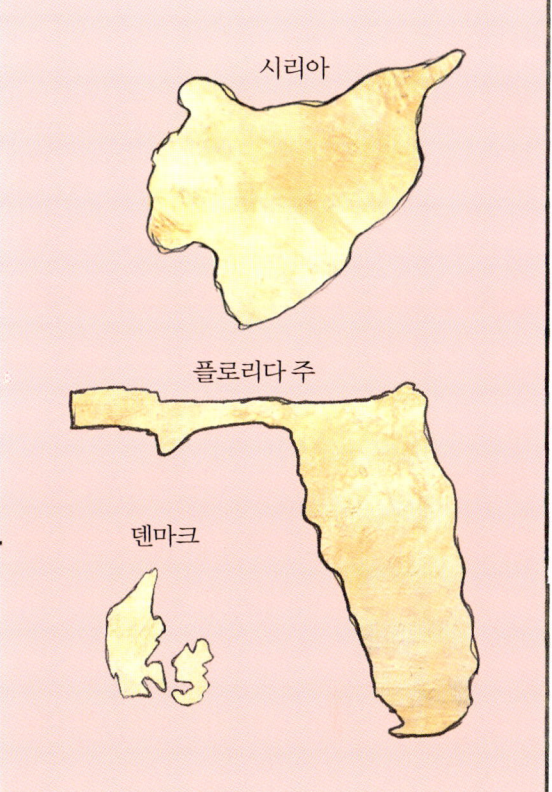

시리아

플로리다 주

덴마크

난민들이 빠져나가면서 시리아 인구는 1천 7만 명으로 줄었습니다. 시리아 난민은 550만 명으로, 덴마크 전체 인구와 맞먹었습니다.

그중 20만 명은 지중해를 건너 그리스와 이탈리아까지 가는 위험한 길을 선택했습니다.

2014년만 해도, 3,500명이 바닷길에서 사망했거나 실종되었습니다.

2014년, 시리아 안에서 19만 1천 명이 살해당했습니다. 살해당한 사람 중 18살 미만 어린이와 청소년이 8,800명이었습니다.

위험한 탈출 과정과 고단한 난민의 삶에 아랑곳하지 않고, 시리아 사람들은 계속 탈출하고 있습니다.

그러나 거대한 탈출의 물결 아래에서 유럽(바깥세상)이라는 희망이 흔들리고 있습니다. 터키, 요르단, 레바논은 난민들에게 식료품, 전기 시설, 물을 마련해 주는 것에 싫증을 내고 있습니다. 시리아 사람들이 일자리를 빼앗는다고 불평합니다. 터키 병원마다 환자는 대부분 시리아 난민들입니다. 새로운 사람들을 받아들이는 바람에 터키와 요르단 경제도 휘청거립니다. 레바논 사람들은 시리아 난민을 대놓고 욕합니다.

헝가리 사람들은 난민 수천 명이 들어와 자기들 일자리를 위협하고 치안을 해친다고 불안해합니다.

헝가리는 국경에 철조망 철책을 세우고,

난민들에게 최루탄을 쏘고,

물대포를 쏘았습니다.

불가리아는 30킬로미터 길이의 철책을 세웠습니다.

슬로바키아는 난민 중 기독교도만 받아들였습니다.

사우디아라비아, 쿠웨이트, 오만, 바레인, 아랍에미리트연합 등 부유한 아랍 국가들은 난민들의 정착은 허락하지 않고, 약간의 돈만 지원해 줄 뿐이었습니다.
　스웨덴은 공식 신분증을 지닌 사람만 입국을 허락하기로 했습니다.

그나마 독일이 제일 너그러워서, 난민을 수만 명 받아들였습니다. 그러나 독일도 입국 숫자를 조금씩 줄였습니다. 시리아 난민들은 비바람에 떨면서도 길게 줄을 섰습니다. 독일 관리들이 한 번에 몇 명씩만 입국을 허가해 주었거든요.

"경찰은 기다리라는 말만 반복했어요. 부모님은 나이도 많으시고 아프신 데다가, 아홉 살짜리 여동생도 있는데 말이에요."

2015년, 유럽연합은 그리스와 이탈리아로 들어온 난민 16만 명을 받아들이기로 약속했습니다. 그러나 오스트리아, 덴마크, 헝가리, 폴란드, 영국은 이 합의를 무시했습니다. 그러다 마침내 유럽연합은 8천여 명만 받아들이기로 했습니다. 유럽에서 시리아 난민들을 동정하는 마음이 점차 약해졌습니다.

난민은 안 돼!

2015년 11월 13일, 지하드 단원들이 프랑스 파리에서 시민 130명을 살해했습니다. 2001년 9월 11일에 미국을 공격하는 등 세계를 놀라게 한 지하드가 또다시 폭력 테러를 벌인 것입니다. 파리의 테러범들은 대부분 벨기에와 프랑스 국적 사람들이었습니다. 그중 일부는 시리아 내전에 참전했다가 난민들을 따라 고향으로 숨어 들어온 사람들이었습니다.

파리, 바타클랑 극장

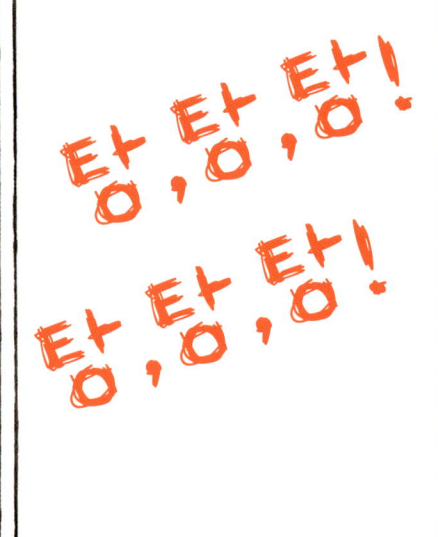

프랑스 운동장

무모한 일부 무슬림이 벌인 파리 테러 때문에 이슬람교도 전체를 의심의 눈초리로 보는 분위기가 생겨났습니다. 일부 유럽인과 미국인들은 시리아인과 이슬람교도가 유럽과 미국의 문화와 가치관에 위협이 된다고 여기게 되었습니다.

헝가리 총리 빅토르 오르반은 이렇게 말했습니다. "우리 유럽이 지금 위험에 놓여 있다. 유럽식 생활 방식, 유럽의 가치가 흔들리고 있다. 유럽이 살아남을 것인지 사라질 것인지, 아니면 예기치 못하게 변해 버릴지 위기에 빠져 있다."

미국의 도널드 트럼프는 대통령이 되기 전에 이렇게 말한 바 있습니다. "이슬람이 우리를 증오하고 있다고 생각한다.… 그들을 경계하고 바짝 지켜봐야 한다."

미국의 주지사들 중 대부분도 시리아 난민을 위험한 사람들로 여기며 정착 기회를 주지 않겠다고 했습니다. 그러나 미국에 들어온 시리아 난민들은 이미 유엔, FBI, 미국 국방부를 비롯한 여러 기관에서 2년 동안 심사를 통과해서 입국을 허락받은 사람들이었습니다.

안전이 우선입니다.

미국 거주가 허락된 시리아 난민은 1만 명이고, 그중 대부분은 어린아이들입니다. 이 숫자는 미국이 기꺼이 받아들였던 옛 베트남 난민 31만 8천 명, 쿠바 난민 12만 명에 비하면 한 줌도 되지 않았습니다.

2015년. 시리아에 남은 사람들은 꼼짝도 할 수 없는 상태였습니다. 아사드 정부군은 닥치는 대로 폭탄을 터뜨려 건물을 파괴하고, 반정부 지하드 단원들은 전투를 쉴 때마다 반대파를 찾아서 살해했습니다. 상황이 좀 나아질 거라고 기대하던 사람들도 이제는 바로 탈출해야겠다고 결심했습니다.

끝없이 걷고,

철조망 밑을 기어가고,

들판에서 잠을 자거나,

길가, 기차역, 농구장에서도 눈을 붙였습니다.

돌아갈 순 없어요. 안 돌아갈 거예요.
돌아가면 끌려갈 테니까요.

2016년, 유럽연합과 터키는 그동안 배를 타고 그리스로 들어온 난민들을 터키로 돌려보내기로 결정했습니다. 유럽연합은 터키 난민촌에 '공식적으로' 등록된 시리아 사람들에게는 유럽에 정착할 기회를 주겠다고 약속했지만, 그 혜택을 받는 사람은 터키에 있는 난민들 가운데 한 줌에 불과했습니다.

유럽으로 들어가는 모든 길이 엄격해지거나 막혔습니다.

예전에 난민들이 들어갔던 길도 이제는 차단되었습니다.

4만 4천 명이 그리스 땅에 발이 묶였습니다. 난민촌은 '영혼들의 창고'라는 별명으로 불렸습니다.

이제 우린 뭘 어떻게 해야 하죠?

그나마 사정이 좀 나은 난민촌도 힘들기는 마찬가지였습니다. 찬물에 빨래를 하다 보니 손이 거칠어졌습니다. 일자리도 없어서 할 일도 거의 없었습니다.

그리스 군대가 가져다주는 식료품은 언제나 똑같아서 난민들이 받지 않는 일도 있었습니다. 수백 명분 음식이 쓰레기로 버려지기도 했지요.

숲 한복판에 텐트를 세워 놓은 거예요. 너무 춥고, 진흙투성이였어요. 어떻게 해도 불안하기만 했어요. 지치고 속이 상했죠. 그렇게 두 달을 지내다 보니 그냥 이렇게 살 수밖에 없을 것 같아요. 말 그대로 난민인 거죠.

난민촌도 작은 도시나 다름없어서 24시간 돌봐야 할 일이 생겼습니다. 그러나 난민촌을 관리하는 큰 구호단체들은 아침 9시부터 저녁 5시까지 근무 시간에만 일하고, 주말에는 출근하지 않았습니다.

그러나 여전히 난민은 그칠 줄 모르고 몰려들었습니다. 동이 틀 무렵, 그리스 해안의 작은 섬에 10척이 넘는 보트와 뗏목이 도착했습니다. 여기에는 난민 875명이 타고 있었는데, 이들은 곧이어 그리스에 도착할 수만 명 중 일부였습니다.

7만 7천 명이 알레포를 탈출했습니다. 수많은 사람이 터키 국경으로 달려갔으나, 국경은 이미 폐쇄된 상태였습니다. 터키군이 순찰하고 있었기 때문에 국경을 넘는 건 목숨을 거는 일이었습니다.

이러다 죽어도 아무도 신경 쓰지 않아.

탕! 탕! 탕!

그사이 그리스의 시리아 난민이 4만 7천 명에 이르렀습니다. 새로 차단된 국경 주변에 대부분 발이 묶여 있었습니다. 그리스 안의 난민촌은 무기력한 분위기가 가득했습니다. 남자들은 할 일을 찾지 못해 신발이 닳도록 서성일 뿐이었습니다.

어떤 캠프는 뱀이 득시글거렸습니다.

그리스 정부는 파산 위기에 놓여 있어서 쓰레기 수거도 뜸했습니다. 쓰레기 더미마다 쥐가 들끓다 보니, 뱀들까지 들끓었습니다.

> 온통 뱀이에요. 쥐가 들끓어서 그렇죠. 쥐가 왜 많냐고요? 쓰레기가 넘쳐서죠.

할 일 없는 청소년들이 뱀을 잡기도 했습니다.

레바논에는 시리아 난민 150만 명이 정부 도움도 거의 받지 못한 채 고난에 시달리고 있었습니다. 또한 요르단 정부가 시리아와 요르단 사이 국경을 폐쇄하는 바람에 난민 6만 명이 생필품이나 약도 없이 사막 한복판에 발이 묶여 있었습니다.

그러나 난민들은 희망을 잃지 않았습니다.

운명을 스스로 개척하고 만들어 가야 한단다, 아가야.

시리아 사람들은 열심히 일하고 개척하는 사람들이에요. 어떤 고난이든 헤쳐 나갈 방법을 찾아낼 수 있죠.

열여덟 살 여자아이가 남동생, 여동생과 함께 터키로 가려고 밀수업자를 찾아갔습니다.

그들은 밀수업자의 배를 타고 그리스로 떠났습니다.

그런데 도중에 배가 부서져 가라앉았습니다.

지나가던 고깃배가 소녀와 동생들을 구조해 주었습니다. 그리고 그들을 터키로 돌려보냈습니다.

물에 빠진 생쥐 꼴을 한 채로, 여자아이와 동생들은 터키 감옥에 갇혔다가 열흘 뒤에 석방되었습니다.

그들은 다시 그리스로 가는 배를 탔습니다. 이번에는 성공했습니다.

그들은 기차를 타고 덴마크로 갔습니다.

그곳에서 안전한 땅을 찾아 1년 전에 먼저 시리아를 탈출한 엄마를 만났습니다.

알레포의 친구들은 독일 함부르크로 들어갔습니다. 그곳에서 네덜란드나 룩셈부르크로 갈 생각이었습니다. 그 때 경찰이 이들을 검문했습니다. 그들은 기나긴 여정이 여기서 끝나는 건 아닌지, 심장이 멎는 것 같았습니다.

그러나 경찰은 이들을 체포하는 대신, 친절하게도, 사과와 바나나를 주었습니다.

이제 안심해도 되겠어. 여기서 살아도 될 것 같아.

시리아의 다라 지역에서는 올리브, 포도, 민트가 자라던 밭에 폭탄이 떨어졌습니다. 포도 넝쿨 사이를 뛰놀던 여자아이는 다행히 살아남아 요르단으로 피신한 뒤, 캐나다로 갔습니다.

열 살이었던 시리아 아이는 영어를 배우고,

스케이트를 타고,

핼러윈 놀이를 했습니다.

이제는 아랍어보다 영어가 익숙했습니다.

밝은 미래가 눈앞에 있었습니다.

요르단으로 탈출하려다가 세 번이나 되돌아간 가족이 있었습니다. 그들은 기어코 요르단 국경을 넘어 2년을 머물다가 미국 캘리포니아의 새크라멘토에 정착하게 되었습니다.

이 책에 대하여

처음 이 책을 구상할 적부터 난민들의 경험담에만 초점을 맞추려 노력했습니다. 그 밖의 배경은 이야기 전개에 필요한 것 말고는 다루지 않으려고 했습니다. 그래서 끔찍한 전쟁을 벗어나려고 보트에 올랐다가 지중해에 빠져 숨진 아이 이야기는 해도, 이 아이가 시아파인지 수니파인지 쿠르드족인지 아니면 기독교도나 야지디교도인지는 다루지 않으려 했습니다.

시리아는 종교, 정치, 문화가 아주 복잡한 나라입니다. 시아파와 수니파의 무지막지한 다툼을 이야기하려면 아득한 옛날로 올라가야 하고, 시리아 정치를 말하려면 북아프리카와 중동 지방의 독재나 불안한 정치를 다루지 않을 수 없고, 종교분쟁과 분파를 다루려면 쿠르드족의 독립투쟁 같은 문제도 빼놓을 수 없습니다. 또 외부의 힘 있는 나라들이 지정학적 이해관계 때문에 시리아에 간섭하는 문제 등등 어떤 주제도 한번 건드리기 시작하면, 이 책은 애초 염두에 두었던 그래픽 노블이 아니라 엄청난 두께에 수많은 이야기를 가지 치듯 늘어놓는 책이 되었을지 모릅니다.

그 대신 이 책에서는 난민들의 경험 자체에 주목하는 일이 중요하다고 다짐했습니다. 다음의 이야기는 내가 2017년 5월에 그리스 난민촌을 찾았던 방문기의 요약입니다.

리초나(RITSONA)

그리스 수도 아테네에서 차를 타고 한 시간가량 달리면 리초나라는 마을이 있습니다. 본래 그리스 공군 기지가 있던 이곳에 700명 남짓한 시리아 사람들이 난민촌을 이루어 힘겹게 살아가고 있습니다. 700명 '남짓하다'고 말한 것은 비정한 진실을 외면하기 위해서가 아니라, 이곳 난민 숫자가 정확히 몇 명인지 아무도 모르기 때문입니다. 난민촌은 사방이 트여 있습니다. 사람들이 마음대로 드나들 수 있기 때문에 여기 머무는 난민이 얼마나 되는지 분명하지

않으며, 저마다 다르게 추산하고 있습니다. 그러나 생필품을 공급하기 위해서는 난민의 수를 정확히 아는 것이 중요합니다.

이곳 난민촌은 겉으로는 공군이 관리한다고 되어 있지만 실제로는 다양한 단체들이 관여하고 있습니다. 지원 단체들은 대부분 비정부기구(NGO)인데, 아이들을 위한 교육과 예술 활동부터, 난민들의 심리 상담, 의료 검진, 임산부 검진까지 도맡고 있습니다. 그러나 의료 지원이 들쑥날쑥할 뿐만 아니라 한밤중이나 주말에는 응급 진료를 받을 수 없는 상태입니다.

이곳에서 일하는 자원봉사자들은 난민들의 자존감을 지켜 주는 일을 제일 중요하게 여깁니다. 방문자들은 난민들의 동의 없이는 사진을 찍거나 거주 공간을 들여다보지 말아야 합니다. 난민들의 거주 공간이 화물선에 실리는 컨테이너처럼 형편없이 좁은 상자나 다름없기 때문입니다. 섭씨 38도까지 올라가는 한여름에도 텐트 안에서 고역스럽게 살아야 했습니다. 최근에야 에어컨이 있는 거주 공간이 겨우 제공되었습니다. 자원봉사자 한 분을 따라 난민촌을 둘러보았습니다. 물론 난민들을 위해서 멀리서만 바라보았습니다. 난민들이 가꾸는 채소밭이 이곳저곳에 있었습니다.

시리아 난민을 돕는 유엔의 최고기관인 유엔고등판무관(UNHCR)이 때때로 이곳을 방문해서 난민들이 영구 정착을 할 수 있는 곳으로 옮겨갈 수 있도록 지원하고 있습니다. 그러나 영구 정착하는 길이 열리기까지는 너무 더디고 그럴 가능성도 크지 않아 보입니다. 일부 난민은 벌써 1년째 이곳에 머무르고 있었습니다.

그리스에 남고 싶어 하는 난민은 아무도 없습니다. 그리스어를 배우기 어렵고(아이들은 그나마 그리스어를 어른보다 잘하는 편입니다. 학교에서 배우니까요), 무엇보다 일자리가 없습니다. 그리스의 실업률이 25%나 되기 때문입니다. 미국 대공황 때의 실업률이 바로 25%였습니다.

그리스 정부는 이곳 리초나 난민촌에 식료품 제공을 중단하는 대신 한 달에 한 번 생활 수당을 지급하고 있습니다. 난민들은 이 돈으로 근처 상가를 이용하거나, 한 시간 버스를 타고 아테네까지 가서 더 값싼 식료품을 사 옵니다. 이 덕분에 할 일이 생긴 셈입니다. 일자리가 없을 때는, 아무것도 하지 않는 것 자체가 마음을 갉아먹기 때문입니다.

엘피다(Elpida)

'엘피다, 행복한 집'. 한때 공장이었던 3층 건물 출입문에 이런 문구들이 쓰여 있습니다. 건물 창문에는 '어서 오세요, 사랑, 안녕' 같은 문구들을 빨강, 노랑 페인트로 굵게 칠해 놓았습니다. 이곳은 그리스 북부의 테살로니키입니다. 인근 고속도로 교차로를 지나는 자동차들을 향해 이 글씨 벽화로 소리치는 셈입니다.

이 건물에는 시리아 난민 100여 명이 살고 있습니다. 대부분 여자와 아이들입니다.

'엘피다(Elpida)'는 '행복'을 뜻하는 그리스 말입니다. 미국의 은행가들인 아메드 칸과 프랑크 주스트라가 생각해 낸 문구입니다. 2015년, 두 사람은 그리스의 레스보스 섬에 바닷물을 뒤집어쓴 채 기진맥진해 상륙한 난민들을 돕는 데 나섰습니다. 이 일을 치르면서 두 사람은 좀 더 나은 방법을 생각해 냈고, 그 결과가 엘피다입니다.

애초에 그리스 정부는 공장 마당에 텐트를 설치해서 이 난민들을 수용할 생각이었습니다. 그러나 칸은 이와 달리 이 건물의 빈 공간을 구입해서 거주 시설을 갖출 수 있도록 기부를 했습니다. 요리를 할 수 있도록 부엌을 건물 한가운데에 만들었습니다. 미국 학교의 식당을 본뜬 스테인리스 시설이었습니다. 물론 실제로 학교도 있습니다. 교재와 학용품이 여기저기 놓여 있었습니다. 반은 편성했으나 책장과 사물함이 없다 보니 그렇습니다. 학생들이 크레파스로 그린 자화상이 벽에 붙어 있습니다. 미국 멤피스, 유럽의 뮌헨이나 마르세유의 교실에서 볼 수 있는 그림들과 전혀 다를 바가 없는 작품들입니다. 영국 맨체스터에서 온 자원봉사 선생님이 학생들을 가르쳤습니다. 선생님은 이곳 학생들도 교육을 받을 자격이 있을 뿐만 아니라 세계 여느 학생들과 하나도 다를 바 없다고 자신합니다.

그러나 이 선생님이 틀린 점이 하나 있었습니다. 이곳 학생들은 세계 다른 곳의 아이들과

한 가지가 달랐습니다. 전쟁을 겪었다는 사실입니다. 이 학생들이 흔히 그리는 그림은 최신 무기들의 모습입니다. 전쟁은 아이들의 교육에 큰 구멍을 뚫어 놓은 것 같아서 치료를 겸한 배움이 필요합니다. 전쟁은 아이들의 학교 교육에만 영향을 미치는 것이 아닙니다. 전쟁으로 인한 외상 후 스트레스가 심합니다. 10대 초반 아이들이 스트레스 때문에 자다가 이불에 오줌을 지리기도 합니다. 종종 자살도 일어납니다. (이 글을 쓰는 무렵 그리스 정부는 북부 그리스에 있는 모든 난민촌을 폐쇄하고 이파트 시설로 옮기도록 했습니다.)

레로스(Leros)

레로스는 그리스의 작은 섬입니다. 산토리니와 미코노스처럼 유명지만 찾는 이들은 지나치기 일쑤인 곳이지요. 레로스 섬의 언덕에 서면 지평선 너머로 터키가 보입니다. 이렇게 가깝다 보니 시리아 난민들의 탈출 목표지가 되었습니다. 시리아 위기가 절정에 이르렀을 때 난민 수천 명이 레로스를 비롯한 인근 그리스 섬으로 피난을 왔습니다. 깜짝 놀란 그리스 공무원들은 난민들을 다른 곳으로 실어 나르기에 급급했습니다.

  내가 이곳을 찾았을 때는 작은 난민촌 한 곳만 남아 있었습니다. 난민촌은 한때 정신병원이던 건물에 들어서 있었습니다. 그렇지만 주변에 철조망과 (이제 지키는 인원은 없지만) 감시탑이 설치된 탓에 마치 감옥처럼 보였습니다. 주변을 한 바퀴 돌아보니 난민 판잣집 두 채가 화재

로 쓰러져 있었습니다. 사람들은 어떤 청소년이 자살하려고 불을 낸 것이라고 말했습니다.

　레로스 난민촌을 돌보는 단체 중 하나인 에코('에코 100 플러스') 사람을 만나 보았습니다. 에코는 리초나 난민촌을 돌보는 일도 하고 있습니다. 난민 문제를 외면해서는 안 된다고 결심한 오스트리아 여성단체가 설립했다고 합니다. 열정 넘치는 젊은 자원봉사자들이 에코 단원으로 일했습니다. 에코 단원은 시리아 난민들을 인솔해서 해변으로 소풍 간 적이 있다고 합니다. 수영도 하자고 했답니다. 그러나 결과는 꼭 좋지 않았습니다. 터키에서 그리스로 배를 타고 올 때 물에 빠져 죽을 뻔한 공포에 여전히 시달리는 사람들이 있었기 때문입니다.

　이곳 레로스가 내가 마지막으로 찾은 난민촌이었습니다. 그런데 나는 처음 난민촌을 찾았을 때와 비슷한, 거북한 감정을 다시 느꼈습니다. 내가 비극의 구경꾼이 되고 있다는 느낌이었습니다. 끔찍한 탈출 경험을 난민들에게서 들어야겠다는 계획은 굳이 필요하지도 않을뿐더러 잔인한 생각이었습니다. 이미 끔찍한 이야기들은 여기저기 떠돌고 있었습니다. 나는 거북한 감정을 좀처럼 떨쳐 버릴 수 없었습니다. 취재가 끝날 때가 되자 나는 스스로 시리아 난민들의 고통을 절실하게 증언하고, 이들을 구조하자는 목소리를 높여야겠다고 결심했습니다.

　이 책이 그런 생각에 힘을 주는 원천이 되면 좋겠습니다.

후기

이 책을 쓸 무렵, 시리아 난민 위기는 전 세계적으로 난민 정책을 둘러싼 온갖 정치적 역풍을 불러일으키고 있습니다. 그 결과 영국은 유럽연합에서 탈퇴하기로 결정했고, 독일의 앙겔라 마르켈 수상은 총선에서 쓴맛을 보았습니다. 헝가리 수상 빅토르 오르반은 민족주의 발언을 쏟아내면서 권력을 연장했습니다. 미국에서는 도널드 트럼프가 대통령이 되었습니다. 터키와 그리스는 서유럽으로 들어가는 난민 수를 줄이자는 협약을 맺었습니다. 수백만 명인 난민 수와 난민촌 시설을 당분간 그대로 유지하기로 한 것입니다.

    시리아 내전은 질질 끌고 있습니다. 바샤르 알 아사드 정부를 물러나게 하자는 희망은 거의 사라졌습니다. 아사드 정부의 동맹세력인 러시아가 전투기를 제공한 덕에, 아사드 정부군은 반정부 세력을 몇몇 거점에서 몰아내고 있습니다. 계속되는 전투로 많은 아이가 죽거나 다쳤습니다. 아사드 정부는 심지어 화학무기를 살포해서 많은 민간인을 학살했습니다. 미국은 시리아 군사지구에 미사일 몇 발을 발사해서 압박을 가했으나 효과는 불확실했습니다.

    공식적으로 등록된 시리아 난민은 570만 명입니다. 그중에서 미국이 2018년 1월에서 3월 사이에 정착을 허가한 시리아 난민은 11명입니다.

감사하는 말

에코 100 플러스(www.echo100plus.com)의 가브리엘라 딕슨, 캐서리너 캐헤인, 엘피다 홈(elpidahome.org)의 아메드 칸, 《난민들의 목소리(Voices of Refugees)》(www.voicesofrefugees.net)의 샤이언 갤과 클라라 빌, 《뉴욕 타임스》의 리즈 앨더먼, 그리고 에코와 엘피다의 자원봉사자들(콜레트 히피너, 바젤리스 사이피니스, 다이너 로킥, 데이너 폰델, 조안 콜레스, 주마나 아보 옥사, 펠릭스 헤인스, 올리버 나세르, 케이티 허섬)에게 감사드린다. 내 아내 데보러 나델의 통찰력과 전망은 아주 큰 도움을 주었다.

그늘진 고통 속에도 희망이

사히르 노아(Sahir Noah)

꿈을 그립니다

이 벽 위에…

내 집을 찾는 꿈…

학교에 가는 꿈…

부모님 손을 잡고

아무 두려움 없이 어두운 길도 걸어가는 꿈…

참 어렵겠지요, 그렇지만

고난의 한복판에서도 나는

언젠가 모든 것이 끝나는 그날을 기다립니다…

어둠 뒤에서도 빛을 찾아내고…

삶을 포기하고 싶은 순간에도 늘 기억하세요.

절대 포기하면 안 된다고… 절대로

가는 길 힘들어 비틀거려도

포기하지 말아요

항상 강건하고

'희망'이라 불리는 세상을

늘 생각하자고요

사히르 노아의 그림, 〈희망(Hope)〉

※ 사히르 노아는 그리스 난민촌에 있는 시리아 난민입니다. 난민촌에 살면서 그림을 배워 시와 그림으로 세상 사람에게 호소하고 있습니다―옮긴이

글 · 그림 **돈 브라운** (Don Brown)

독자들의 공감을 불러일으키는 이야기를 쓰고 감동적인 그림을 그리는 저자이자 일러스트레이터이다. 특히 열정적으로 살아간 사람들의 기쁨과 아픔, 행복과 슬픔을 독자들과 함께 나눌 수 있는 작품을 만들고 있다. 그의 책들은 《워싱턴 포스트》, 《뉴욕 타임스》, 《스쿨 라이브러리 저널》, 《혼 북》, 뉴욕 공립도서관 등의 찬사를 받았으며, 선구적이고, 세심한 공이 들어갔으며, 동정심을 불러일으키고, 솔직하다는 평을 받았다. 그가 쓰고 그린 책으로 『흙보다 더 오래된 지구』, 『공포의 먼지 폭풍』, 『물에 잠긴 도시』, 『애런과 알렉산더』, 『아인슈타인』, 『토머스 에디슨』 등이 있다.

옮긴이 **차익종**

서울대학교에서 국어학 연구로 박사학위를 받았다. 현재 서울대학교 기초교육원 강의교수로 일하고 있다. 『관계수업』, 『아주 특별한 책들의 이력서』, 『블랙스완』, 『최후의 교수들』, 『알리 아메리카를 쏘다』, 『불평등과 싸우는 여성 대법관 루스 베이더 긴즈버그』 등 여러 권을 우리말로 옮겼고, 『칼럼 쓰기: 마음을 사로잡는 설득에세이』(근간)를 썼다.

시리아 난민 이야기
: 아무도 원하지 않는 사람들

1판 1쇄 발행	2019년 9월 15일
1판 2쇄 발행	2020년 5월 10일
글 · 그림	돈 브라운
옮긴이	차익종
펴낸이	조추자
펴낸곳	두레아이들
등록	2002년 4월 26일 제10-2365호
주소	(04207)서울시 마포구 마포대로 14가길 4-11
전화	02)702-2119(영업), 703-8781(편집), 02)715-9420(팩스)
이메일	dourei@chol.com

- 책값은 뒤표지에 적혀 있습니다. 잘못 만들어진 책은 구입하신 곳에서 바꾸어 드립니다.
- 이 도서의 국립중앙도서관 출판예정도서목록(CIP)은 서지정보유통지원시스템 홈페이지(http://seoji.nl.go.kr)와 국가자료공동목록시스템(http://www.nl.go.kr/kolisnet)에서 이용하실 수 있습니다(CIP제어번호: CIP2019031459)

ISBN 978-89-91550-94-0 77300